Wiebke Köhler

Auftrag:

Verteidigung

Deutschland in 7 Punkten
verteidigungsbereit machen

Wiebke Köhler

Auftrag: Verteidigung

Deutschland in 7 Punkten
verteidigungsbereit machen

Impressum

1. Auflage 2025

Bildnachweis auf Umschlag: Fotografin Yasemin Stahl

Bibliografische Information der Deutschen Nationalbibliothek:

Die Deutsche Nationalbibliothek verzeichnet diese Publikation in der Deutschen Nationalbibliografie; detaillierte bibliografische Daten sind im Internet über https://dnb.dnb.de abrufbar.

Verlag: BoD · Books on Demand GmbH,
Überseering 33, 22297 Hamburg, bod@bod.de
Druck: Libri Plureos GmbH, Friedensallee 273,
22763 Hamburg

ISBN: 978-3-7693-7668-5

Über die Autorin

Wiebke Köhler ist seit 25 Jahren Top Management Strategieberaterin. Sie arbeitete während ihrer beruflichen Laufbahn in den Top Management Beratungen bei McKinsey & Co und Roland Berger. Als Partnerin im Executive Search begleitete sie internationale, globale Konzerne bei der Besetzung von Vorstandspositionen und bekleidete im Anschluss die Position als Personalvorstand bei der AXA Konzern AG in Deutschland. 2019 hat sie die Top Management Beratung *impactWunder* gegründet und berät Konzerne im Marketing und HR.

Mit vier Büchern über die Bundeswehr und 65 Truppenbesuchen ist Wiebke Köhler zudem nicht nur eine anerkannte Sicherheitsexpertin. Sie verfügt auch über ein hochrangiges Kompetenznetzwerk von Generalen aus Bundeswehr und NATO, Diplomaten und Nachrichtendiensten – und über den nötigen politischen Hintergrund, unter anderem als ehemaliges Mitglied im Landesvorstand Hamburg wie auch im Landes- und Bundesfachausschuss Außenpolitik & Sicherheit der FDP. Seit Sommer 2024 ist sie Mitglied der CDU und dort Vorsitzende des Landesfachausschusses Außen- und Sicherheitspolitik in Hamburg. Auch ist sie Mitglied im Bundesfachausschuss und im Netzwerk Nationale Sicherheit des Bundesvorstands der CDU. Weitere Informationen unter www.wiebke-koehler.com.

Weitere Bücher der Autorin:

- „Unsere Soldaten – Porträt einer unterschätzten Armee", BoD 2023, Norderstedt

- „Antreten! Wiebke will zum Bund", BoD 2021, Norderstedt

- „Dreizehn Holzwege guter Führung"; Cyriax, Hans-Ulrich; Köhler, Wiebke; BoD 2021, Norderstedt

- „Manager und Mensch – Werte und Tugenden auf dem Prüfstand", BoD 2021, Norderstedt

- „Besuch bei der Truppe – Menschen in Uniform", BoD 2020, Norderstedt

- „Führen im Grenzbereich – Was Manager aus Grenzsituationen für den Unternehmensalltag lernen können", BoD 2020, Norderstedt

- „Wettbewerbsfaktor Mensch – Wie man durch Mitarbeiterbegeisterung und moderne Führung Mehrwert schafft"; Hamm, Ingo; Köhler, Wiebke; Springer Gabler 2020, Berlin

- „Schach der Dame! Was Frau (und Mann) über Machtspiele im Management wissen sollte", BoD 2019, Norderstedt

Gender-Anmerkung

Auf den folgenden Seiten finden Sie ausschließlich die maskuline Form von Nomen. Damit ist keinerlei politische, diskriminierende oder nonkonformistische Aussage verbunden – es liest sich einfach nur flüssiger und leichter; wahrscheinlich sogar für sämtliche Geschlechter.

Inhalt

Sicherheitspolitische Einordnung   8

Erster Punkt
Verabschiedung eines mehrjährigen Finanzplans   11

Zweiter Punkt
Deutliche Beschleunigung der Beschaffung   16

Dritter Punkt
Sicherstellung der Combat Readiness der
Bundeswehr   20

Vierter Punkt
Dienstpflicht und verpflichtende Freistellung von
Reservisten   22

Fünfter Punkt
Fundamentale Strukturveränderungen   29

Sechster Punkt
Wehrhaftigkeit in der Gesellschaft   35

Siebter Punkt
OPLAN Zivilverteidigung   38

**Übersicht und Bewertung aller Punkte
und Einzelmaßnahmen**   42

Schlusswort   46

Sicherheitspolitische Einordnung

Europa muss sich allein verteidigen können. Das ist spätestens seit der Münchner Sicherheitskonferenz 2025 deutlich geworden. Denn einerseits betrachten die USA den Systemrivalen China und dessen Pläne, die USA als bedeutendste Großmacht der Welt abzulösen, als ihren hauptsächlichen potenziellen Gegner und richten daher ihre geopolitische Aufmerksamkeit auf den Indopazifik. Mit der Bedrohung Taiwans durch China und die Garantie eines militärischen Beistands durch die USA verlagern sich auch die militärischen Schwerpunkte und mit ihnen die Truppenanteile der USA in diese Region – und damit weg von Europa. Andererseits sieht sich Europa zunehmend von den hegemonialen Bestrebungen Russlands und durch seinen völkerrechtswidrigen Angriffskrieg auf die Ukraine bedroht.

Derzeit ist Europa ohne die USA nur für eine gewisse Zeit verteidigungsbereit. Diese Zeit bemisst sich nicht nach Monaten, sondern nach Wochen, legt man die derzeitigen Munitionsbestände der europäischen NATO-Staaten zugrunde. Diese beunruhigende Tatsache sollte für uns alle in Europa und Deutschland der nötige Weckruf sein, jetzt mit Hochdruck die Weichen neu zu stellen, um Europa wieder verteidigungsbereit zu machen. Das bedeutet, in militärischer Hinsicht aufzurüsten und in politischer Hinsicht eine viel stärkere europäische Einigkeit und Geschlossenheit zu erreichen.

Verteidigungsbereitschaft impliziert vorrangig militärische Verteidigungsfähigkeit. Doch wie im Kalten Krieg müssen wir hier und heute von einer Gesamtverteidigung sprechen. Es muss auch auf gesellschaftlicher Seite eine nachhaltige Zivilverteidigung gewährleistet werden. Schweden, Finnland und andere Länder haben hierfür bereits seit langem die Weichen gestellt. In Deutschland hat die Friedensdividende seit Ende des Kalten Krieges nicht nur die Bundeswehr, sondern auch den Zivilschutz hart getroffen: Dort wurde über Jahrzehnte eingespart, wegrationalisiert und abgebaut. Es herrscht sowohl auf der militärischen wie der zivilen Seite ein großer Investitionsbedarf an Material, Mensch und Infrastruktur. Zudem sind viele Prozesse, Abläufe und Abstimmungen zwischen Bundeswehr, Blaulichtorganisationen, Rettungsdiensten, Krankenhäusern, den Ländern und Kommunen aus der Übung geraten. Fakt ist: Es muss viel getan werden – nur, welche Prioritäten sind dabei besonders zu beachten?

Um die neue Bundesregierung mit einer zielgerichteten Agenda zu unterstützen, habe ich mich im Herbst 2024 in Dutzenden Gesprächen mit verschiedensten Generalen und Stabsoffizieren der Bundeswehr intensiv ausgetauscht und ihre und meine Ideen zusammengetragen. Ergänzt wurden diese Ideen durch Gespräche mit Behördenvertretern des Zivil- und Katastrophenschutzes und Vertretern der Blaulichtorganisationen, um entsprechende Maßnahmen auch für die Zivilverteidigung zu benennen. Dennoch blieb das Hauptaugenmerk dieses Booklets auf der militärischen Seite und auf der Bundeswehr, weswegen Maßnahmen für die zivile Verteidigung lediglich in zwei der sieben Punkte beleuchtet werden. Diese Punkte müssen sicherlich an anderer Stelle noch weiter ergänzt werden.

Insgesamt stammen alle Ideen von Fachleuten ihres Metiers; sind also weder politisch noch ideologisch motiviert, sondern ganz einfach und im Sinne des Wortes notwendig.

Die Aufzählung der folgenden 7 Punkte ist nicht abschließend. Es sind lediglich jene sieben Punkte, die meines Erachtens ausschlaggebend sind – ganz im Sinne des übergreifenden, wenn nicht überragenden Ziels:

Deutschland muss verteidigungsbereit werden.

Jeder dieser sieben Punkte wird in einem der folgenden sieben Kapitel vertieft; hier sind sie im kompakten Überblick:

1. **Verabschiedung eines mehrjährigen Finanzplans** im Umfang von sieben bis zehn Jahren zur Vollausstattung und -ausrüstung der Streitkräfte – unter zwei Anforderungen: a) Der Einzelplan 14 wird mit >100 Mrd. Euro jährlich ausgestattet. b) Die jährlichen Verteidigungsausgaben werden auf mindestens 3 Prozent des BIP Deutschlands gesteigert.

2. **Deutliche Beschleunigung der Beschaffung** u.a. durch Nutzung des Tatbestands „nationale Sicherheit" (Art. 346 Abs. 1b AEUV), vermehrten „Kauf von der Stange" z.B. von Drohnen sowie durch Erhöhung der Schwelle der 25 Millionen Euro-Vorlagen auf >100 Millionen Euro und Abschaffung der zivilen Klausel.

3. **Sicherstellung der *Combat Readiness* der Bundeswehr** u.a. durch Nutzung des OPLAN Deutschland als bedarfs- und haus-

haltsbegründendes Dokument sowie durch ständige (Groß-)Übungen, Nutzung marktverfügbarer Waffensysteme und die Implementierung konventioneller Erst- und Zweitschlagfähigkeiten.

4. Einführung einer **einjährigen Dienstpflicht** für Männer und Frauen in der Bundeswehr oder wahlweise in Blaulichtorganisationen und **verpflichtende Freistellung** von Reservisten durch die Arbeitgeber (2 Wochen pro Jahr).

5. Umsetzung umfangreicher, effizienzsteigernder **Strukturveränderungen**, insbesondere Änderung des **Art. 87b GG.**

6. Aufbau ausreichender **Wehrhaftigkeit in der Gesellschaft.**

7. Erstellung eines **OPLAN Zivilverteidigung** inkl. Sicherstellung resilienter Verkehrsinfrastruktur, Drohnenabwehrfähigkeit, „roter IT" und Klärung rechtlicher Rahmenbedingungen im Vor-Spannungsfall.

Diese sieben Punkte zur Herstellung unserer Wehrfähigkeit drängen sich angesichts der großen Dynamik der geopolitischen Lage seit Januar 2025 förmlich auf. Niemand kann vorhersehen, mit welchen sicherheitspolitischen Disruptionen uns diese Dynamik in den nächsten Monaten noch überraschen wird. Während diese Zeilen geschrieben werden, wird gerade über ein neues Sondervermögen für die Bundeswehr in Höhe mehrerer Milliarden Euro, über Friedenstruppen in der Ukraine und einen europäischen Nuklearschirm diskutiert.

Zum Zeitpunkt des Erscheinens dieses Booklets kann die Weltlage schon eine ganz andere sein, werden ganz neue Disruptionen berücksichtigt werden müssen. Was dann immer noch bleibt, sind diese sieben Punkte. Sie sind eine conditio sine qua non, unvermeidlich als solide Basis für all das, was noch kommen wird.

Verabschiedung eines mehrjährigen Finanzplans

Ein besorgniserregender Rückstand

In den Nachwehen des Kalten Krieges nach 1990 haben die deutsche Politik und wir als Gesellschaft die Wehrfähigkeit der Nation aus dem Blick verloren. Seither ist die Bundeswehr mehr oder weniger nur noch im politischen Geschehen mitgelaufen, ist stiefmütterlich behandelt worden, wurde zusammengeschrumpft und lediglich am Leben erhalten. Gleichzeitig verfolgte Russland seit den 2000er Jahren hegemoniale Ansprüche in Europa und zeichnete sich durch eine Militarisierung seiner Außenpolitik aus. Allerdings hat erst der brutale Angriffskrieg Russlands auf die Ukraine 2022 den Krieg nicht nur zurück nach Europa gebracht, sondern mit aller Macht auch das kollektive europäische Bewusstsein für die neue Bedrohungslage durch Russland geschärft. Deshalb und weil sich die USA unter Präsident Trump absehbar immer stärker aus Europa zurückziehen, muss die höchste Priorität der deutschen Politik auf der Wahrung der äußeren Sicherheit und der Verteidigung unserer freiheitlich-demokratischen Grundordnung liegen. Derzeit sind Deutschland und die europäischen NATO-Staaten nicht lange gegen Angreifer aus dem Osten durchhaltefähig. Die Verteidigungsfähigkeit der europäischen NATO-Länder ohne die USA ist überschaubar gering.

An dem Zustand der geringen Verteidigungsfähigkeit Deutschlands kann selbst das beinahe erreichte Zwei-Prozent-Ziel der NATO 2024 nichts ändern, da die Mangellage bei der Bundeswehr seit Jahrzehnten hoch ist. Der seit 2022 andauernde Ukraine-Krieg mit den aus Beständen der Bundeswehr zur Unterstützung gelieferten Waffenträgern, Munition und Ausrüstung hat den Bestand weiter verringert und die Einsatzbereitschaft damit weiter geschwächt. Auch die reine Zahlenbilanz fällt bedrohlich aus.

In 2024 gab Deutschland rund 72 Mrd. Euro für die eigene Verteidigung aus. Davon entfielen 51,95 Mrd. Euro auf den regulären Verteidigungshaushalt und weitere rund 20 Mrd. Euro auf das erste Sondervermögen für die Beschaffung von militärischer Ausrüstung (Quelle:

Statista). Damit wurde das Zwei-Prozent-Ziel der NATO selbst unter Einsatz des Sondervermögens knapp verfehlt: Das deutsche Bruttoinlandsprodukt (BIP) betrug in 2024 4.305 Mrd. Euro. Zwei BIP-Prozente entsprächen rechnerisch rund 86 Mrd. Euro, was deutlich über den tatsächlich erreichten 72 Milliarden liegt.

Drei Fragen – keine Quoten

Ein Blick auf Europa zeigt: Die Lage ist auch in den anderen europäischen Ländern nicht anders als in Deutschland. Inzwischen ist der Investitionsrückstand der europäischen Streitkräfte und insbesondere der Bundeswehr in unvorstellbare Höhen geschnellt. Laut einer McKinsey-Studie (2024) haben die europäischen NATO-Staaten in den vergangenen drei Jahrzehnten 1,6 Billionen USD weniger ausgegeben, als es dem 2014 vereinbarten Zwei-Prozent-Ziel entsprochen hätte. Doch ganz gleich, welche Zahlen man in den Fokus nimmt: Wie hoch die Summe sein muss, die wir benötigen, um uns wieder verteidigen zu können, hängt nicht von einer BIP-Quote ab, sondern von den wahrscheinlichen Bedrohungsszenarien, den daraus resultierenden militärischen Fähigkeiten sowie den der NATO gemachten Zusagen. Die Basis für jede Finanzierungsdiskussion zur Bundeswehr sollte keine Quote oder Zahl, sondern sollten drei Fragen sein:

- Welche konkreten Fähigkeiten benötigt die Bundeswehr künftig, abgeleitet aus Erfahrungen des Ukraine-Kriegs und Simulationen zum War Scenario of the Future?
- Welchen Beitrag muss die Bundeswehr für die NATO leisten?
- Welche Rolle kann und muss die viertgrößte Volkswirtschaft der Welt innerhalb der NATO übernehmen, wenn sich die USA immer stärker zurückziehen?

Diese drei Fragen allein ergeben den tatsächlichen Finanzbedarf der Bundeswehr – nicht politisch eingefärbte Forderungen. Aktuell liegt die Summe der drei Antworten deutlich über der Schwelle von 100 Mrd. Euro pro Jahr; rechnet man den o.g. Investitionsstau mit ein, ergeben sich gar mehrere Hundert Milliarden Euro. Diese massive Investitionssumme versteht man, sobald man einen Blick auf die aktuellen Bestände wirft – und vor allem auf ihr Alter.

Weite Teile der europäischen Rüstungssysteme sind laut der erwähnten McKinsey-Studie veraltet. Bei den Landsystemen, beispielsweise Panzer und Haubitzen, wurden etwa 50 Prozent aller europäischen Systeme vor 1990 in Betrieb genommen. Bei landgestützten Luftsystemen, der Flugabwehr zum Beispiel, seien es bis zu 80 Prozent. An dieser Mangellage wird sich so schnell nichts ändern. Das liegt nicht nur am bisher vielbeklagten Mangel an politischem Willen, sondern unter anderem an einem ganz spezifischen Mangel der Planungssicherheit.

Ein Mangel an Planungssicherheit

Um den skizzierten besorgniserregenden Rückstand der eigenen Verteidigungsfähigkeit aufzuholen, müssten auch die Fertigungskapazitäten der Rüstungshersteller stark erhöht werden – indem diese beispielsweise neue Werke für den Panzerbau oder die Munitionsproduktion bauen. Ein neues Werk jedoch, dessen Finanzierung und Abschreibung über *mehrere Jahrzehnte* läuft, baut kein rational denkender Unternehmer auf Grundlage einer Planung und Auftragsvergabe, die sich lediglich über *ein einziges Jahr* erstreckt – wie es derzeit im Einzelplan 14 der Fall ist.

Andere NATO-Länder haben diese betriebswirtschaftliche Kausalität verstanden und bieten mit einer mehrjährigen Planung ihrer Industrie die nötige Planungssicherheit für diese Art der Investition. Deutschland hat das mit dem Sondervermögen teilweise geschafft – gab es der Rüstungsindustrie doch für ein, zwei Jahre Planbarkeit. Aber solange kein Anschluss-Sondervermögen in Sicht ist, vergrößert die deutsche Rüstungsindustrie ihre Kapazitäten nicht nachhaltig. Denn dabei geht es nicht nur darum, für riesige Summen neue Werke zu bauen. Es müssen dafür auch Fachkräfte gesucht, eingestellt, sicherheitsüberprüft und eingearbeitet werden: Das dauert, produziert hohe Vorlaufkosten und rentiert sich nicht nach nur einem Jahr – weshalb es (noch) nicht gemacht wird und so lange nicht gemacht werden wird, bis die Politik willens und in der Lage ist, mehrjährige Planungssicherheit zu geben.

Da diese bislang ausbleibt und nach 2027 das Sondervermögen verbraucht sein wird, plant die Rüstungsindustrie mit Blick auf dieses Schicksalsjahr bereits heute, die für das Sondervermögen extra erweiterten Kapazitäten wieder zu abzubauen – was aufgrund der unsicheren Auftragserwartung betriebswirtschaftlicher Logik entspricht. Diese Logik wird sich auch nicht durch ein kurzlaufendes zweites oder drittes Sondervermögen ändern lassen: Ist das jeweilige Sondervermögen verbraucht, werden schon Jahre zuvor die Planungen zur Reduktion der

Kapazitäten angeworfen. Die einzig logische Lösung: Das Vertrauensintervall für Kapazitätserweiterungen erfordert einen Planungshorizont von 7 bis 10 Jahren. Dies wiederum erfordert eine entsprechende Änderung der Bundeshaushaltsordnung (BHO), die bislang eine ein-bis zweijährige Budgetierung vorschreibt.

Das in den Sondierungsgesprächen zwischen CDU und SPD Anfang März 2025 vorgeschlagene schuldenfinanzierte Milliardenpaket für Verteidigung würde in diese Richtung gehen – vorausgesetzt, es passiert den Bundestag und wird nicht mit Klagen überzogen.

Die Frage der Finanzierung

Bei den ungeheuerlichen Summen, um die es für die Aufrüstung der Bundeswehr geht, stellt sich unmittelbar die Frage nach der Finanzierung. Diese Frage beantwortet sich nach der 3S-Formel: Sparen – Schulden – Steuern. Einsparungen bieten sich nach erfolgter Neuordnung der Prioritäten unter anderem bei Bürgergeld, Entwicklungshilfe und mit der zeitlichen Streckung von Nachhaltigkeitsprojekten an. Das zweite S entspricht aktuell dem oben erwähnten zweiten Sondervermögen, das zum Zeitpunkt der Manuskripterstellung dieser Seiten in einer Höhe von mehreren Hundert Milliarden Euro in den Bundestag eingebracht wird (Stand: 7. März 2025). Die dafür notwendige Grundgesetzänderung erfordert eine Zweidrittelmehrheit im Bundestag, was wiederum von den Mehrheitsverhältnissen im Bundestag abhängig und damit unsicher ist.

Sollte das Schuldenpaket durchgehen, wäre das zweifellos ein Schritt in die richtige Richtung. Gleichwohl enthebt dieser Schritt keinen der Verantwortlichen der dringlichen Aufgabe, gleichzeitig massiv am Bundeshaushalt zu sparen und vor allem die Effizienz innerhalb der Bundeswehr zu steigern (s.a. Punkt 5). Es benötigt eine Effizienz-Strukturinitiative – sonst versickern die Hunderte Milliarden im Treibsand der Ineffizienz.

Reichen die beiden ersten S nicht aus, bleibt die Erhebung einer zweckgebundenen Steuer, zum Beispiel in Form eines Sicherheits-Soli, eine Möglichkeit. Eine solche Steuer wäre ohnehin geboten, wenn (wegen der künftigen jährlichen Zinsbelastung in zweistelliger Milliardenhöhe der heutigen Schuldenaufnahme) nicht nur die kommende Generation einseitig mit der Sicherstellung unserer Sicherheit belastet würde, sondern auch jene Generation, die noch am meisten von der Friedensdividende profitiert hat.

14

Im Rahmen des ersten S (Sparen) sollte mit Vorrang eine Bundeswehr-interne Effizienzsteigerung in die Wege geleitet werden: Die Bundeswehr ist in weiten Teilen bürokratisch, was unnötige Kosten, Verzögerungen und Qualitätsabschläge in Milliardenhöhe verursacht. Sie braucht einen Sanierer, Organisationsentwickler und Prozessoptimierer in einem. Ein dickes Brett, aber unumgänglich.

Da die politische und mediale Diskussion der Finanzierungsfrage leider immer wieder bei den reinen Prozentwerten landet, sei daran erinnert: Während wir aktuell sogar das Zwei-Prozent-Ziel reißen, schwirren bereits Zahlen von 3 bis 5 Prozent durch den Äther – abenteuerlich. Bezögen wir ein Fünf-Prozent-Ziel auch nur rein gedanklich auf das BIP 2024, würde das mehr als die Hälfte des damaligen Gesamt-Etats ausmachen, was völlig illusorisch ist. Mithin geht es nicht um Quoten, sondern darum, was wir faktisch brauchen, um uns überhaupt verteidigen zu können.

Deutliche Beschleunigung der Beschaffung

---

100 Jahre für Haubitzen

Im Vergleich zu Russland läuft die deutsche Beschaffung zu langsam. Würde man im aktuellen Tempo weitermachen – worauf bislang manches hindeutet – würde die Bundeswehr trotz zweitem oder drittem Sondervermögen erst in Jahrzehnten kriegstüchtig *werden*, während potenziell feindliche Nationen es offensichtlich bereits *sind*.

Die aktuellen Beschaffungszeiträume betragen zum Beispiel 10 Jahre für Kampfjets, 40 Jahre für Panzer und 100 Jahre für Haubitzen (Quelle: Kiel Military Procurement Tracker 2024). Mit diesem Tempo der Beschaffung ist ein möglicherweise bevorstehender Spannungs- oder Verteidigungsfall schon verloren, noch bevor er ausgerufen wurde – was unangenehm früh der Fall sein könnte: Militärexperten der NATO gehen davon aus, dass sein hohes Tempo Russland in den nächsten zwei Jahren in die Lage versetzen könnte, NATO-Gebiet anzugreifen.

Doch eine Optimierung der Beschaffung bedeutet nicht nur „schneller beschaffen", sondern auch „mehr beschaffen". Also nicht nur für die aktuell rund 181.000 Soldaten, sondern für die NATO-geforderte Soll-Stärke der Bundeswehr von über 290.000 Soldaten, die dann auch vollausgerüstet und vollausgestattet sein muss. Für diese Soll-Stärke fehlt bislang alles – von der Kaserne über Bekleidung bis hin zu Waffen. Ganz zu schweigen von der Vollausrüstung und -ausstattung der Reserve, der es heute wirklich an allem fehlt.

„Mehr beschaffen" bedeutet auch: Beschaffung im Sinne der Durchhaltefähigkeit. Nach der ersten Welle muss noch genügend Munition und Gerät für die zweite Welle übrig sein (und Soldaten natürlich. Dazu siehe Punkt 4). Daher muss die Beschaffung auch ausreichend Nachschub und Ersatzteile vorrätig haben bzw. schnell ordern (können). Welche Mengen das jeweils sind, darüber liefert aktuell zum Beispiel der Ukraine-Krieg bedauerlicherweise erschöpfend Antwort. Werden diese Mengen jemals eingeplant und erreicht werden?

Bremser von Gesetz wegen

Das darf zumindest bezweifelt werden angesichts der vielen in den letzten Jahrzehnten gescheiterten Versuche, Prozesse im Bundesamt für Ausrüstung, Informationstechnik und Nutzung der Bundeswehr (BAAINBw) zu beschleunigen. Die Franzosen sind da deutlich weiter, smarter und schneller. Sie berufen sich schon heute auf nationale Sicherheitsinteressen (Art. 346 Abs. 1b AEUV), was die Beschaffung unter anderem dadurch beschleunigt, dass man dann nicht europaweit ausschreiben muss. Nebenbei stärkt das die heimische Wirtschaft. Warum wird dieser Artikel nicht auch im BAAINBW häufiger angewendet?

Zudem muss die längst überholte 25-Millionen-Euro-Vorlage abgeschafft werden. Ab dieser Höhe muss jede Beschaffung vom Bundestag genehmigt werden, bevor bestellt werden kann. Dieses Limit wurde niemals plausibel hergeleitet und seit Jahrzehnten auch nicht an die explosionsartige Teuerung der letzten Jahre angepasst. Es würde viel Bürokratie überflüssig machen und Tempo in den Bestellprozess bringen, wenn man das Limit auf >100 Mio. Euro hochsetzen würde.

Auch die Zivilklausel der Beschaffung muss endlich fallen. Derzeit muss ein militärisches Produkt auch eine Reihe ziviler Produktanforderungen erfüllen; Stichwort „Kindersitze in Panzern". Das betrifft Vorschriften zur Nachhaltigkeit, zum Datenschutz oder auch zur Arbeitssicherheit: So darf im Innenraum des Schützenpanzers Puma die Feinstaubbelastung durch verschossene Munition nicht das Fruchtwasser schwangerer Soldatinnen gefährden. Wer denkt sich sowas aus? In der zivilen Welt haben solche Normen ihre Berechtigung. In der militärischen Welt sind sie ein Eigentor mit Ansage. Überragendes, wenn nicht einziges Qualitätskriterium muss hier sein und bleiben: Ist das beschaffte Gerät militärisch tauglich und robust?

Drohnen aus dem Katalog

Sämtliche Waffen, die einer schnellen technologischen Entwicklung unterliegen, sollten nicht ausgeschrieben oder gar selbst entwickelt, sondern von der Stange beschafft werden; bestes Beispiel: Drohnen. Jede Ausschreibung würde hier unweigerlich dazu führen, dass die ausgeschriebenen Drohnen bereits zur Hälfte der Ausschreibungsfrist hoffnungslos veraltet wären – ebenfalls eine deutliche Lektion des Ukraine-Kriegs.

Äußerst zweckdienlich wäre auch eine gegenseitige Anerkennung der Zertifizierung von Waffenträgern in der NATO. Bislang kann ein US-zertifizierter Panzer beispielsweise nicht in anderen NATO-Ländern eingesetzt werden, solange er nicht im jeweiligen Einsatzland ebenfalls zertifiziert wurde – was dauert. In Zukunft sollte gelten: Wenn ein Waffenträger in einem NATO-Land zertifiziert ist, dann muss er auch in allen anderen Ländern akzeptiert werden, zum Beispiel nach Vereinheitlichung oder Angleichung der Zertifikatskriterien. Was uns zur übergreifenden Problematik führt: Standardisierung.

In allen NATO-Ländern muss die Beschaffung deutlich schneller und intensiver als bisher vereinheitlicht und die Waffensysteme standardisiert werden. Bei der Munition für Kleinwaffen ist das bereits gelungen und sollte daher auch für alle anderen Waffen wiederholt werden vom Panzer über Jets bis hin zur Flugabwehr. Fürwahr eine Schwerstaufgabe, durchaus auch mit politischer und ökonomischer Sprengkraft – doch diese absolute Notwendigkeit darf nicht länger aufgeschoben werden.

Dieser Notwendigkeit könnte zum Beispiel dadurch Genüge getan werden, dass die NATO sich jeweils auf Lead-Nationen für die Entwicklung von Waffenträgern einigt. Rein hypothetisch könnte Deutschland dann Leader für die Panzerentwicklung werden – alle anderen Länder beteiligen sich nach dem ersten erfolgreichen Prototypen daran und kaufen deutsche Panzer für ihre Streitkräfte. Die Niederlande sind naturgemäß gut in der Amphibik, also könnten die amphibischen Fahrzeuge von ihnen kommen. So müsste nicht jedes Land jedes Waffensystem selbst entwickeln, was langsam, teuer und ineffizient ist.

Exportbestimmungen und Resilienz

Im Vergleich zu anderen EU-Ländern gelten in Deutschland sehr strenge Exportbedingungen für Rüstungsgüter. Diese behindern nicht nur den Export, sondern auch die eigene Rüstungsindustrie.

Würde man die Regeln daher an europäische Standards anpassen, könnten deutsche Hersteller leichter und stärker mit ausländischen Produzenten kooperieren, dadurch höhere Stückzahlen und damit wiederum sogenannte Economies of Scale realisieren: Der Stückpreis pro produziertem Rüstungsgut würde progressiv fallen, was die Produktion günstiger und damit auch die Beschaffung durch die Bundeswehr deutlich kostengünstiger gestalten würde.

Zur Wahrheit der Beschaffung gehört auch deren Widerstandsfähigkeit (Supply Chain Resilience): Wer die Bundeswehr vollausstatten und vollausrüsten möchte, muss zum einen auch rechtzeitig an Ersatzteile denken und diese vorrätig haben; zum anderen muss auch die Lieferfähigkeit von Lieferketten und die Versorgung mit Rohstoffen sichergestellt werden. Zum Beispiel sind Panzerstahl, Treibladungen, Salpetersäure oder auch Nitrozellulose Mangelware.

Es stellt sich strategisch und politisch die Aufgabe, die Zulieferung dieser Stoffe und Materialien zu sichern und strategische Allianzen mit Ländern und Verbündeten zu begründen, um die nötige Lieferfähigkeit und Resilienz der Liefernetzwerke zu gewährleisten. Auch sollte die Bundesregierung unter diesem Aspekt der strategischen Beschaffung schnellstmöglich festlegen, welche dieser strategisch relevanten und kritischen Vorprodukte Deutschland auf längere Sicht selber herstellen könnte.

Dritter Punkt
Sicherstellung der Combat Readiness der Bundeswehr

Der Mobilmachungsplan

Es existieren aktualisierte und regionale NATO-Verteidigungspläne, die klar regeln, welches Land was zur Verteidigung beitragen muss. Was auf Bundeswehr-Seite bisher fehlt, ist ein Mobilmachungsplan, wie er zu Zeiten des Kalten Kriegs selbstverständlich war.

Würde heute der Landes- oder Bündnisfall ausgerufen werden, wüssten weder die Reserve noch zum Beispiel die Studenten der Bundeswehr-Universitäten oder die Soldaten in den Ämtern und Kommando-Behören, wo sie sich zur Verteidigung des Landes melden müssten. Kaum einer wüsste, wer zu welchem Truppenteil kommen sollte und wer welchen Auftrag hätte. Das regelt der Mobilmachungsplan, den es heute nicht detailliert gibt. Ohne diesen Plan gibt es keine Combat Readiness. Daher muss ein solcher Plan schnellstmöglich seitens des Bundesministeriums der Verteidigung erstellt werden.

Was es für die Einsatzbereitschaft ebenfalls braucht, ist die konventionelle Erst- und Zweitschlagfähigkeit. Sie wird ermöglicht durch eine entsprechende Bereitstellung und Vorratshaltung an Kräften, Material und Munition für eine sofortige militärische Reaktion im Falle eines Angriffs über 30 Tage hinweg – was sehr kostspielig ist. Doch nur so kann überhaupt sichergestellt werden, dass die Bundeswehr konventionell durchhaltefähig wäre. Bislang reicht die Munition in einigen Teilstreitkräften gerade für wenige Tage aus – danach was? Rückzug, Kapitulation? Ist die erste Angriffswelle einmal überstanden, kann die Bundeswehr nicht erst einen Monat darauf warten, bis die Logistik wieder neues Material heranbringt. Kriege warten auf keinen.

Die eigene Einsatzbereitschaft *die ganze Zeit über* sicherzustellen, ist der wichtigste Auftrag jeder Streitkraft. Dazu gehört auch, dass man trainiert, worauf es im Ernstfall ankommt: Die Bundeswehr benötigt regelmäßige Großübungen wie Quadriga 2024, um Waffensysteme, Taktiken, Abläufe und das Gefecht der verbundenen Waffen ernstfallgerecht zu üben.

Kriege von morgen

Die ständige Weiterentwicklung von Waffensystemen, Szenarien und Kriegsbildern erfordert eine ebenso ständig fortlaufende Analyse der Fähigkeiten, des Materials, der Ausbildung und des Trainings, das benötigt wird, um mit dieser Entwicklung Schritt zu halten. Entsprechend müssen Personal, Vorschriften, Material, Organisation, Ausbildung und Training in der Bundeswehr fortlaufend daran angepasst und weiterentwickelt werden.

Im Sinne einer dauerhaft garantierten Combat Readiness sollten für die Ausbildung der Rekruten auch marktverfügbare Waffensysteme verwendet und nicht erst langwierig selbst entwickelt werden.

Demselben Zweck dienlich wäre auch eine deutlich intensivierte Erforschung autonomer Waffensysteme wie Drohnen, Loitering Ammunition, ferngesteuerte Fahrzeuge und offensive Cyber-Fähigkeiten. Diese autonomen Waffensysteme müssen nicht nur erforscht, sondern auch beschafft werden. Getreu dem selbstverständlichen Prinzip: Technikeinsatz vor Soldatenleben.

Daneben muss der Auf- und Ausbau einer qualifizierten Flugabwehr mit Hochdruck vorangetrieben werden gegen Raketen, Flugkörper, Kampfjets und Marschflugkörper. Beispielsweise das Heer mit seinen 60.000 Soldaten ist bislang fast „blank", das heißt so gut wie wehrlos gegen Luftangriffe – ein unerträglicher Zustand.

Ein zentrales Element der Combat Readiness ist auch der OPLAN (OPLAN für Operationsplan) Deutschland. Diesen Plan hat die Bundeswehr erstellt, um zu detaillieren, wie Verteidigungsfähigkeit auf deutschem Hoheitsgebiet aussehen muss, welche Straßen und Brücken zum Beispiel verteidigungsrelevant sind und auf welchen von ihnen Panzer überhaupt fahren können. Leider ist dieser Plan, der die Combat Readiness ermöglichen und sichern soll, bislang kein bedarfs- und haushaltsbegründendes Dokument. Was bedeutet das?

Dieser Plan wurde erstellt, entfaltet aber bislang keine Wirkung. Die Fähigkeiten der Bundeswehr werden nicht entsprechend diesem Plan angepasst – weil die Finanzmittel dafür nicht budgetiert und die notwendigen Fähigkeiten zur Umsetzung nicht aufgebaut werden. Der Plan ist also ein tausend Seiten starkes Papier ohne Wirkung. Ein unhaltbarer Zustand, der dringend geändert werden muss.

Vierter Punkt

Dienstpflicht und verpflichtende Freistellung von Reservisten

Ohne Dienstpflicht geht es nicht

Die aktuelle Stärke der Bundeswehr beträgt 181.000 Soldaten. Diese Stärke soll bis 2031 auf 202.000 gesteigert werden. Soweit die aktuelle Planung. Die Bewertung der Zielerreichung: unrealistisch. Das Ziel wird nicht einmal annäherungsweise erreicht.

Auch weil jährlich circa 20.000 Abgänge von Soldaten auf Zeit oder Soldaten am Dienstzeitende zu verzeichnen sind, ist schon die aktuelle Personalstärke nur mit äußerster Mühe zu halten. Trotz aller Anstrengungen der Karrierecenter der Bundeswehr und des Bundesamtes für Personalwesen der Bundeswehr hat sich daran seit Jahren nichts geändert. Und das ist lediglich eine Hälfte der traurigen Wahrheit.

Die andere Hälfte ist: Die NATO fordert von Deutschland zukünftig eine Truppenstärke, die deutlich über 202.000 hinausgeht und eher bei 290.000 liegt; zuzüglich Unterstützungskräften sogar deutlich über 300.000 Soldaten liegen wird. Und selbst diese nahezu unerreichbar erscheinende Zahl wird noch weiter steigen, wenn und falls sich die USA immer stärker aus Europa verabschieden. Ein personeller Aufwuchs in einer Dimension von über 100.000 Soldaten ist mit reiner Werbung nicht zu erreichen. Fazit: Ohne Dienstpflicht geht es nicht.

Ein Jahr für ein Leben in Freiheit

Die Lösung: die Einführung einer Dienstpflicht. Es ist bewusst nicht von Wehrpflicht die Rede, weil dieser Begriff durch die 2011 ausgesetzte Wehrpflicht vorbelastet ist. Diese umfasste zuletzt einen sechsmonatigen Wehrdienst für Männer.

Eine wie auch immer zu gestaltende Dienstpflicht sollte die Wahl zwischen einem Dienst in der Bundeswehr oder bei den Blaulichtorganisationen vorsehen. Ob dann mit der Waffe oder ohne gedient würde – der Dienst käme auf jeden Fall der gesamtstaatlichen Resilienz zugute. Dabei sollte sich die Dienstpflicht über ein Jahr erstrecken und verpflichtend für Männer und Frauen sein.

Zur Einführung einer solchen Dienstpflicht für Mann und Frau bräuchte es eine Zweidrittel-Mehrheit im Bundestag. Das könnte bei den zukünftigen Mehrheitsverhältnissen des 21. Bundestags schwierig werden – was eine bemerkenswerte Feststellung ist und die Zweifel an der tatsächlichen Wehrhaftigkeit der Demokratie deutlich demonstriert.

Durch den Schrumpfkurs der Bundeswehr in den 1990er Jahren verfügt die Bundeswehr heute weder über ausreichende Kasernen noch Material noch Ausbilder für den skizzierten personellen Aufwuchs der Bundeswehr. Sollte die o.g. Dienstpflicht tatsächlich vom Bundestag verabschiedet werden, bräuchte die Umsetzung mehrere Jahre intensivster Anstrengungen und eine entsprechende Finanzierung.

Bis eine solche Ramp-Up-Kurve zum Einbezug eines ganzes Jahrgangs Volljähriger (oder einer Teilmenge daraus) ihre volle Wirkung entfalten würde, kann aber angesichts der Bedrohungslage in Europa nicht gewartet werden. Daher sollten – als Überbrückung – schnellstens die Schritte unternommen werden, die unter Beibehaltung der Einsatzbereitschaft der Bundeswehr möglich wären. Das Postulat der Einsatzbereitschaft ist hier als höchstes Gut zu achten: Es können nicht einfach alle Soldaten in die Ausbildung von Rekruten verschoben werden, um dann gleichzeitig nicht für mögliche Einsätze zur Verfügung zu stehen.

Ein möglicher Zwischenschritt hat der Generalinspekteur, General Carsten Breuer, vorgerechnet. Es wäre im „System Bundeswehr" unter Wahrung der Einsatzbereitschaft möglich, bis 2030 100.000 Rekruten auszubilden. Es wäre für die Bundeswehr technisch und personell möglich, in 2025 rund 10.000 zusätzliche Soldaten auszubilden; diese Zahl an Rekruten, die ausgebildet werden könnten, würde sich in jedem Folgejahr um jeweils weitere 6.000 erhöhen. Das würde bis 2030 zusätzlich 100.000 ausgebildete Soldaten ergeben. Dieser Vorschlag hat den Vorteil, dass er vereinbar mit den sonstigen Aufgaben der Bundeswehr wäre und aus dem Regelbetrieb heraus geleistet werden könnte. Ob die NATO und ob Deutschland allerdings bis 2030 Zeit haben, die personelle Truppenstärke zu erhöhen, bleibt mehr als fraglich. Offen bleibt auch die Frage danach, wie diese Rekruten gewonnen werden sollen (siehe 1. Abschnitt des Kapitels).

Weitere Hebel der Stärkung

Um zügig die Einstellung interessierter Menschen in die Bundeswehr zu fördern, wäre eine Dezentralisierung der Rekrutierung von Mannschaftsdienstgraden empfehlenswert. Bislang erfolgt diese zentral durch das Bundesamt für das Personalmanagement der Bundeswehr (BAPersBw). Sie sollte, wie früher, wieder in die Truppenteile vor Ort zurückverlagert werden und damit den Einstellungsprozess beschleunigen. Das hat in der Vergangenheit bereits gut funktioniert – warum sollte das nicht auch künftig funktionieren?

Zu prüfen ist außerdem die Angleichung der Dienstaltersgrenze an den öffentlichen Dienst. Zum Beispiel für die Bundespolizei gilt eine höhere Dienstaltersgrenze als für Soldaten und könnte hier zum Vorbild werden. Für diese Angleichung müsste §45 des Soldatengesetzes geändert werden.

Und schließlich ist eine Erhöhung der Quoten für Berufssoldaten sinnvoll, um die Aufstiegschancen durch Laufbahnwechsel attraktiver zu gestalten. Weitere mögliche Maßnahmen sind in nachstehender Tabelle zusammengefasst.

Übersicht Bundeswehr-interner Maßnahmen zur Lösung des Personalproblems

Kategorie	Maßnahmen
1. Recruiting von Soldaten	• Employer Branding intensivieren und realistisches Bild vermitteln (LV/BV) • Umdenken in der Beamtenmentalität von Absicherung und Gerichtsfestigkeit von Entscheidungen hin zu „schnell richtig entscheiden" • Beschleunigung der Bewerbungsprozesse und Bewerbungsentscheidungen • Umgang mit den hohen Abbrecherquoten – Onboarding-Ideen umsetzen • Dezentralisierung des Recruitings: Einstellungen vor Ort ermöglichen • Recruiting auch von Azubis, Hochschulabgängern • Ggf. finanzielle Anreize z.B. Einstiegsprämie
2. Recruiting für die Reserve	• Verkürzung des Bewerbungsprozesses; schnellere Auswahl; Überarbeitung Auswahlkriterien und AC • Einführung Expertenlaufbahn • Attraktivität erhöhen bzgl. Eintritt und Grundbeorderung • Bedeutung der Reserve bei Arbeitgebern und Unternehmen verankern
3. Bindung der Soldaten an die Bundeswehr	• Erhöhung der Quoten für Berufssoldaten; Erhöhung Umwandlung von SaZ in unbefristete Verträge • Prüfung, ob Berufssoldat bei Mannschaftssoldaten eingeführt werden sollte • Anpassung Zurruhesetzungspraxis • Verbreiterung Aufstiegschancen, z.B. Laufbahnwechsel • Erhöhung Attraktivität durch moderne Arbeitsplatz-Ausstattung
4. Strukturreform	• Überprüfung Bedarfsträgerforderungen • Überprüfung Dienstposten-Struktur; vor allem: Ersetzen von Uniform-Trägern durch Zivile, wo immer möglich; Zurückverlagerung der Uniform-Träger in die Truppe • Reduktion der Organisationsbereiche und Stäbe
5. Digitalisierung	• Digitalisierung von Verwaltungs- und Entscheidungsprozessen • Digitalisierung in Waffensystemen, Einsatz KI, Robotik, Sensorik • Entbürokratisierung

Übersicht politisch-gesellschaftlicher Maßnahmen zur Lösung des Personalproblems

Kategorie	Maßnahmen
1. Vergütung	• Besoldung für Soldaten überprüfen; ggf. Einstiegsprämien ausloben
2. Reserve-verpflichtung	• Freistellung von Reservisten in Unternehmen verpflichtend machen, auch im Friedens- bzw. Spannungsfall
3. Altersgrenze	• Erhöhung heutiger Altersgrenze für Soldaten und Reservisten von 65 auf 70 Jahre
4. Bundeswehr als Sonderfall	• Die Bundeswehr ist kein Arbeitgeber wie alle anderen, daher: Befreiung von der europäischen Arbeitszeitverordnung in den Streitkräften. Ausgleich stattdessen monetär oder durch Anrechnung auf die Vorruhestandsregelung
5. Öffnung für Nicht-Deutsche	• Zulassung Nicht-Deutscher in die Bundeswehr (nach umfangreicher Sicherheitsüberprüfung)
6. Dienstpflicht	• Einführung einer modernen Dienstpflicht für Männer und Frauen; 12 Monate; Wahl zwischen Bundeswehr und anderen Blaulichtorganisationen
7. Imagewandel	• Verständnis über Sinn & Zweck und Akzeptanz der Bundeswehr in der Gesellschaft erhöhen; militärische Sozialisation fördern

Verloren und vergessen: Die Reserve

Derzeit weist die Reserve 62.000 Dienstposten aus, von denen 47.000 beorderte Dienstposten sind. Geplant ist ein Aufwuchs der Reserve laut Verband der Reservisten der Bundeswehr (VdRBw) auf eine Stärke von 260.000 Reservisten: Ohne Dienstpflicht niemals zu erreichen. Daher benötigt auch die Reserve unter anderem beschleunigte Bewerbungsprozesse zum Beispiel durch Dezentralisierung in die jeweiligen Truppenteile.

Anders als in den früheren Zeiten der Wehrpflicht ist ein Arbeitgeber heute nicht mehr verpflichtet, einen Reservisten für seine Reservedienstleistung (RDL) von der Arbeit freizustellen. Wer in der Reserve tätig ist, muss aber seine Fähigkeiten in Übung halten. Daher sind regelmäßige RDLs sinnvoll. In Zeiten zunehmender Bedrohung muss auch hier ein Umdenken stattfinden: Die Freistellung von Reservisten für die RDL durch den Arbeitgeber sollte beispielsweise für zwei Wochen jährlich verpflichtend werden.

Auch muss die Attraktivität der Reserve deutlich bewusster beworben und weiter gesteigert werden. Denkbar wäre zum Beispiel ein 5-Tage-Doppelzahlungsmodell: Für fünf Tage einer Reserve-Übung bezahlt der Arbeitgeber das Gehalt weiter, doch zusätzlich bezieht der Reservist seinen Reserve-Sold, wird also fünf Tage pro Jahr doppelt bezahlt. Damit macht Dänemark derzeit gute Erfahrungen.

Eine integrale Aufgabe der Reserve ist der Heimatschutz: Die derzeitige Vorschriftenlage, die bürokratischen Prozesse und die chronische Unterbesetzung erfordern dringend Sofortmaßnahmen, um mehr Heimatschützer in den Dienst nehmen zu können. Das gilt umso mehr, als die Einführung der o.g. Dienstpflicht zeitlichen Vorlauf benötigt.

Das Bundeswehr-interne Projekt „Antreten.Jetzt" hat über ein Jahr Verbesserungsvorschläge für einen schnelleren Aufbau des Heimatschutzes zusammengetragen. Diese lassen sich auf das folgende 12-Punkte-Programm für einen schnellstmöglichen Aufwuchs der Heimatschutz-Regimenter verdichten. Damit sollte unverzüglich begonnen werden. Ziel ist das schnellstmögliche Erreichen der Marke von 50.000 Heimatschützern.

12-Punkte-Programm für den Heimatschutz

1. **Erhöhung der Reservestellen:** Um zusätzliche Heimatschutz-Reservisten als Teil der gesamten Reserve ausbilden zu können, ist eine Erhöhung der notwendigen Haushaltsmittel nötig. Derzeit gibt es 4.800 Reservestellen, die aufgrund des höheren Bedarfs im Heimatschutz deutlich ausgeweitet werden müssen. Das Bundesministerium der Verteidigung (BMVg) muss aufgefordert werden, die tatsächliche Zahl an notwendigen Reservestellen – abgeleitet aus den Aufgaben der Bundeswehr, ihrer NATO-Verpflichtungen und des geplanten Aufwuchses im Heimatschutz – zu berechnen und für diese die Erhöhung der Bundesmittel zu beantragen, so dass der Bundestag diese bewilligen kann.

2. **Priorität auf „Grundausbildung" der Ungedienten:** Der Fokus der Ausbildung muss auf einer schnellstmöglichen Ausbildung der grundlegenden militärischen Fähigkeiten bisher ungedienter Personen liegen sowie eine Auffrischung der Gedienten an der Waffe umfassen. Da die Einführung einer neuen Dienstpflicht Zeit braucht, ist die Priorität der Ausbildung zunächst auf die Ausbildung von ungedienten Heimatschützern zu legen bzw. auf diejenigen Interessierten, die verfügbar sind.

3. **Teilstreitkräfte-übergreifende Ausbildung:** Es bedarf einer *gemeinsamen* Kraftanstrengung aller Teilstreitkräfte (Heer, Marine, Luftwaffe, Cyber) für die Bereitstellung und Umsetzung der Ausbildung der interessierten Heimatschützer.

4. **Prozessverschlankung:** Die Bewerbungs-, Genehmigungs- und Zulassungsprozesse für interessierte Heimatschützer müssen deutlich entschlackt und damit verkürzt werden. Das oberste Ziel: schnelle Eingliederung und gute Ausbildung der Interessierten, nicht Justiziabilität! Zwischen Beratungsgespräch im Karrierecenter, der ärztlichen Untersuchung und der Sicherheitsfreigabe sollte maximal eine Woche vergehen.

5. **Mehr Stellen im BAMAD:** Zur Sicherheitsüberprüfung der Bewerber ist eine Aufstockung der Stellen im Bundesamt für den Militärischen Abschirmdienst erforderlich; dadurch zügigere Bearbeitung und Sicherheitsfreigabe für die Bewerber.

6. **Bundesweite Ausbildungsmöglichkeiten schaffen:** Die bisherige Ausbildung findet auf einigen ausgewählten Truppenübungsplätzen statt und reicht in ihrer beschränkten Zahl nicht aus. Zukünftig müssen *alle* Bundesländer zur Ausbildung beitragen; dafür sollten alle Truppenübungsplätze in den Bundesländern genutzt werden, auch ehemalige.

7. **Schaffung mobiler Ausbildungstrupps:** Nach dem Train-the-trainer-Konzept sollten bestimmte Reservisten zu Ausbildern qualifiziert werden, so dass sich der Pool an verfügbaren Ausbildern erhöht. Daneben sind mobile Ausbildungskommandos zu bilden, die an zusätzlichen Standorten in Deutschland – zum Beispiel Sportplätzen – ausbilden können. Diese könnten dort zumindest sog. Trockenübungen durchführen und den gesamten Prozess beschleunigen.

8. **Einbeziehung aller Ausbilder aus allen Teilstreitkräften:** Zur schnellen Ausbildung der Heimatschützer sollten die Ausbilder aus *allen* Teilstreitkräften (TSK) herangezogen werden bzw. es sollten in allen TSK Ausbildungsmöglichkeiten in allen Kasernen geschaffen werden.

9. **Dezentralisierung der Einstellung weg vom Bundesamt für Personalwesen (BAPersBw):** Die Truppenbewerbung muss reaktiviert werden, das heißt die Entscheidung über die Rekrutierung von Heimatschützern wird vom BAPersBw zu den Truppenteilen verlagert.

10. **Schnelle medizinische Untersuchung:** Da die medizinische Grunduntersuchung häufig ein Nadelöhr ist, das den Einstellungs-

prozess deutlich verzögert, sind unkonventionelle Wege zur Beschleunigung zu finden. Insbesondere sollten berufsbedingt vorliegende medizinische Untersuchungen, zum Beispiel bei Notfallsanitätern, von der Bundeswehr anerkannt werden. Auch könnten vorliegende sportärztliche Untersuchungen oder generelle gesundheitliche Bescheinigungen durch Hausärzte anerkannt werden, sofern sie die allgemeine Fitness belegen.

11. **Aussetzung der geltenden Vorschriften:** Die derzeitigen Recruiting-Vorschriften sind komplex, bürokratisch und teilen die Verantwortung zwischen Bedarfsträger und -decker auf. Das daraus entstehende Ping-Pong-Spiel verzögert die Einstellung von Bewerbern. Durch das BMVg muss der Erlasshalter – das sind vor allem das BAPersBw und das Kompetenzzentrum für Reservistenangelegenheiten – damit beauftragt werden, diese Vorschriften neu aufzusetzen mit dem Ziel eines effizienten und schnellen Einstellungsprozesses.

12. **Beschleunigte Beschaffung für den Heimatschutz:** Zur notwendigen Ausrüstung mit Material, Munition und Ausstattung ist eine „Bus-Spur" zu schaffen, das heißt ein beschleunigter Prozess. Zum Beispiel könnte durch Nutzung des Tatbestands „nationale Sicherheit" (Art. 346 Abs. 1b AEUV) bei der Ausschreibung von Beschaffungsprojekten auf eine europäische Ausschreibung verzichtet werden.

Fundamentale Struktur- veränderungen

Die Verantwortung des Generalinspekteurs

Unsere Sicherheit wird Deutschland Hunderte Milliarden Euro kosten. Wie stellt der Bundestag sicher, dass die Mittelverwendung so effizient wie effektiv erfolgt?

Nicht nur der Bund der Steuerzahler, auch der ganz normale Bundesbürger reibt sich bei so astronomisch hohen Summen die Augen und fragt: Was kommt bei dem raus, was wir da reinstecken? Das sind umgangssprachlich formuliert die Fragen nach der Effektivität (das Richtige tun) und der Effizienz (das Richtige richtig tun). Diese Fragen können beantwortet werden – beginnen wir ganz oben.

Der Generalinspekteur der Bundeswehr als ranghöchster deutscher Soldat und Berater der Politik hat im BMVg das Wort über alle militärischen Belange, allerdings nicht über die zivilen Belange des Ministeriums. Diese Trennung von militärischen und zivilen Aufgaben sahen die Väter des Grundgesetzes so vor. Damals war das aufgrund der Lehren des 2. Weltkriegs sicherlich richtig – heute ist es eher hinderlich.

Diese Aufteilung führt regelmäßig dazu, dass die unterschiedlichen Abteilungen im Bundesministerium der Verteidigung (BMVg) nicht unbedingt und immer an einem Strang ziehen. Manche Abteilungen wie zum Beispiel Haushalt, Recht und Bau sind in der Hand von Beamten. Ihnen kann der Generalinspekteur nichts anweisen. Dadurch entsteht das chronische Problem, dass die eine Abteilung etwas realisieren möchte und die andere Abteilung dies blockieren kann – und umgekehrt. Die Folgen für die Effizienz sind massiv und teuer: Der Apparat bremst sich selber aus. Eine denkbare Lösung: Der Generalinspekteur könnte die Weisungsbefugnis über alle Abteilungen haben – und dafür auch die Verantwortung übernehmen. Dafür müsste allerdings die Geschäftsordnung der Bundesregierung geändert werden.

Die Ratio dahinter ist simpel: Wenn der Generalinspekteur nicht alles in der Hand hat, kann er schwerlich für alles die Verantwortung tragen.

Seine Kompetenz auszuweiten ist ein großer Schritt, wäre jedoch im Sinne einer verantwortbaren Effizienz und Effektivität sinnvoll.

Bestes Beispiel hierfür ist der bereits mehrfach erwähnte OPLAN Deutschland. Dieser wurde im Auftrag der Bundesregierung im damaligen Territorialen Führungskommando der Bundeswehr aufgestellt. In der Abteilung Planung des BMVg hat der OPLAN jedoch nicht dazu geführt, dass die für die Planumsetzung nötigen Haushaltsmittel noch der Aufbau notwendiger Fähigkeiten eingeplant und bereitgestellt wurden. Doch ein Plan ohne Etat ist das Papier kaum wert, auf dem er steht und ein Paradebeispiel für geringe Effektivität und damit Effizienz (schließlich wurden Zeit und Kosten in die Planerstellung investiert). Um also letztendlich eine Aufwertung der Rolle des Generalinspekteurs zu erreichen, müsste Art. 87 GG entsprechend geändert werden. Zugegeben – ein dickes Brett und auch nur mit einer Zweidrittel-Mehrheit des Bundestags umsetzbar.

Wer ist für die Liegenschaften der Bundeswehr zuständig?

Das ist nicht etwa die Bundeswehr. Es ist die Bundesanstalt für Immobilienaufgaben (BImA). Sie ist für sämtliche Liegenschaften des Bundes zuständig – die Bundeswehr-Liegenschaften sind lediglich ein Teil ihrer Aufgabe und daher nicht per se ihre höchste Priorität. Das ist problematisch, verschwendet Steuergelder, ist ineffizient und verursacht massenhaft Schäden.

Ein solcher Schaden entstand zum Beispiel am Dach der Standortküche in einer Kaserne in Stetten am kalten Markt: Regenwasser dringt ein. Für einen niedrigen fünfstelligen Beitrag könnte das Dach repariert werden. Bis der Antrag jedoch durch die überlange Warteliste der BImA durch ist, hat das Wasser in der monatelangen Wartezeit die Elektrik der Küche zur Todesfalle gemacht, einen Kühlraum lahmgelegt und komplette Wände so durchnässt, dass sie einzustürzen drohen. Der dadurch nötig werdende Neubau des Gebäudeteils wird nun auf einen niedrigen zweistelligen Millionenbetrag geschätzt. Das ist nicht nur ineffizient. Das ist Verschwendung von Steuergeldern.

Die Verantwortung für Bau, Pflege und Instandhaltung der von der Bundeswehr genutzten Liegenschaften sollte von der Landesbauverwaltung zurück an die Bundeswehr übertragen werden, wofür Art. 87b Abs. 1 Satz 3 GG gestrichen werden müsste.

Ende des Bingo-Spiels

Auch die Beschaffung (s.o. Punkt 2) leidet unter struktureller Ineffizienz und Bürokratie. Angesichts einer nie dagewesenen Beschaffungsdynamik muss man daher fragen, ob das Bundesamt für Ausrüstung, Informationstechnik und Nutzung der Bundeswehr (BAAINBw) als nicht weisungsgebundene Behörde des BMVg noch beibehalten werden kann. Auch dies regelt Art. 87b GG. Zu Zeiten der Grundgesetz-Niederschrift war dieser Artikel ein Bollwerk gegen undemokratische Umtriebe und im Rückblick auf den Weltkrieg begründet. Heute ist er ein Anachronismus, der Effizienz und Effektivität der Bundeswehr-Verwaltung beschädigt. Daher muss das BMVg Durchgriff auf alle administrativen Vorgänge des BAAINBw erhalten sowie Behördenleiter ernennen und absetzen können.

Außerdem sollten Bedarfsträger und Bedarfsdecker enger zusammenrücken. Zwischen dem BAAINBw, den Abteilungen des Planungsamtes und der Planungsabteilung des BMVg läuft fortlaufend eine Art teures Bedarfsträger-Bedarfsdecker-Bingo. Angesichts einer 24/7-laufenden russischen Rüstungsproduktion ist es dringend angezeigt, dass auch in Deutschland die Beschaffung beschleunigt wird. Bedeutet: Behördenineffizienz können wir uns schlicht nicht mehr leisten, weshalb Art. 87b Abs. 1 Satz 2 ebenfalls gestrichen werden sollte. Das ist eine zwingende Reform und längst überfällig.

Strukturoptimierung außerhalb des GG

Auch außerhalb des Grundgesetzes finden sich reichlich Anlässe für Strukturoptimierungen. So gab es unter früheren Verteidigungsministern bereits einen kleinen Planungsstab, der direkt beim Verteidigungsminister angehängt war und die Aufgabe hatte, eine politische Prüfung von Vorschlägen vorzunehmen und den Minister entsprechend zu beraten. Dieser Planungsstab hat sich damals bestens bewährt, weshalb ein derartiger kleiner Planungsstab wieder eingeführt werden sollte, da dieser interdisziplinär mit unterschiedlichen Fachbereichen besetzt wäre und daher in allen relevanten Anliegen die verschiedenen Perspektiven versteht. Er fungiert auch als unabhängiger Beraterstab des Ministers und ist aktuell nötiger denn je.

Was die Combat Readiness der Bundeswehr angeht, muss dringend diskutiert werden, ob die Organisation des Ministeriums überhaupt auf bestmöglichen Einsatz ausgerichtet ist und ob die Organisationsbereiche, wie sie heute bestehen, dafür überhaupt geeignet sind. Wer das Organigramm des BMVg betrachtet, versteht dieses schlicht prima facie nicht. Die Anzahl der Organisationsbereiche ist unübersichtlich. Hinzu kommt, dass jede leitende Funktion auch gleich mit Heerscharen von Mitarbeitern ausgestattet ist. So ist das BMVg mittlerweile auf über 2.500 Mitarbeiter angewachsen. Hier hat sich unter dem Druck der Realitäten zwar schon einiges verbessert, einige Bereiche wurden zusammengelegt.

Doch das wird den gestiegenen Anforderungen der rasanten Entwicklung der Sicherheitslage immer noch nicht gerecht. Es drängt sich förmlich die Frage auf: Könnte man die ganze Organisation nicht einfach auf die drei Teilstreitkräfte fokussieren und reduzieren? Und alles andere in diese drei Teilbereiche re-integrieren? Das würde die Einsatzbereitschaft der Bundeswehr deutlich verbessern wie auch Effektivität und Effizienz des gesamten Apparates.

Arbeitszeitverordnung und Innovation

In der Bundeswehr gilt die europäische Arbeitszeitrichtlinie (EU-AZR). Da sich die dringenden Erfordernisse der Landes- und Bündnisverteidigung nicht nach dieser Richtlinie richten, sollte diese für Einsatz- und Kampftruppen außer Kraft gesetzt werden.

Alternativ sollte die Regel eingeführt werden, dass alle Überstunden von Soldaten, die bei der Erfüllung ihres Dienstes anfallen, über die gesamte Dienstzeit angesammelt werden und erst zum Ende der Dienstzeit en bloc für ein vorgezogenes Dienstende genutzt werden können. Das hätte den überragenden Vorteil, dass jeder Kommandeur seine Soldaten so lange einsetzen darf und kann, wie er sie nach den tatsächlichen Erfordernissen braucht. Für die Soldaten läge der Vorteil ebenfalls auf der Hand: früheres Ausscheiden. So hätten beide Seiten etwas davon – und eine sichere, weil einsatzbereite Bundeswehr.

Das große Thema der Innovationsforschung ist im Moment an unterschiedlichsten Stellen in der Bundeswehr und im BMVg bzw. angeschlossenen Behörden und Unternehmen aufgehängt. Es gibt (zu) viele kleine Organisationsbereiche, die forschen. Daneben gibt es den zuständigen Bundeswehr-Hub und viele andere Organisationseinheiten, die sich mit Innovation beschäftigen. Doch ob alles davon zielgerichtet und zukunftsfähig ist, weiß niemand so genau. Eine zentrale und damit effektive und vor allem effiziente Verantwortung ist nicht erkennbar.

Sie müsste an zentraler Stelle und unter Führung zum Beispiel des Stellvertreters des Generalinspekteurs oder der Wehrbeauftragten eingerichtet werden.

Eine ungemütliche Frage

Niemand, der sich vor dem Steuerzahler verantworten muss, kommt beim Thema Effizienz um die Frage herum: Müssen wir uns auch künftig noch zwei Dienstsitze des BMVg leisten?

Wie lange will man diese Doppelung noch mitgehen? Und wenn wir schon das Thema Effizienz diskutieren: Gibt es inzwischen nicht viel zu viele Dienstposten im Ministerium? Das ist eine rhetorische Frage, deren Antwort lautet: Das Ministerium entschlacken und die freigesetzten Soldaten in die Truppe zurückverlagern, wo sie händeringend gebraucht werden. Für jeden rückverlagerten Soldaten muss man keinen neuen rekrutieren.

Das BMVg beschäftigt Stand heute rund 2.500 Mitarbeiter in Bonn und Berlin. Allein die bloße Zahl ist bereits Zeugnis der ausufernden Bürokratie, welche eine beinharte Funktionsanalyse geradezu erzwingt, wie sie in der freien Wirtschaft übliche Praxis ist. Und alle Soldaten, die dabei freigesetzt werden, brauchen eine Aufgabe in der Truppe.

Thema Mindset: Haltung und Einstellung

Mit welcher Einstellung wird im Ministerium gearbeitet? Man kann nicht einfach im Dienste der Strukturveränderung für mehr Effizienz einige Kästchen im Organigramm verschieben, wenn das alte Mindset unverändert bleibt. Dann wird in neuen Kästchen einfach so weitergearbeitet wie vorher auch schon. Das ist keine Lösung. Das ist alter Wein in neuen Schläuchen des Organigramms.

Ein neues Mindset entsteht am ehesten entlang des Dreiklangs AKV: Aufgabe – Kompetenz – Verantwortung. Dabei nutzt man einen Bottom-up-Ansatz: Wer die Kompetenz hat, trägt auch die Verantwortung. Das ist das neue Mindset. Das alte lautete: Wir haben alle Angst, dass wir für eigenständige Entscheidungen einen Kopf kürzer gemacht werden. Nicht ganz ohne Grund: Einige Minister der Vergangenheit praktizierten das eifrig und schickten allzu engagierte Mitarbeiter einfach nach Hause. Doch mit diesem Mindset der Angst lässt sich heutzutage keine Wehrhaftigkeit erreichen und kein Neuanfang starten.

Notwendig ist auch ein Paradigmenwechsel bei den hausgemachten Vorschriften der Bundeswehr: 3.500 sind es derzeit und das ist kein Scherz. BMVg und Bundeswehr haben sich dieses schwere, Effizienz-killende Joch einer bürokratischen Struktur selbst auferlegt. Diese schwere Bürde legt jedem, der in diesem Leviathan etwas bewegen will, enge Handfesseln an. Deshalb der Vorschlag der Beweislastum-kehr: Wir schaffen sämtliche 3.500 internen Vorschriften ab und be-halten nur jene bei, deren Sinnhaftigkeit und Notwendigkeit auf einer A4-Seite nachvollziehbar und überzeugend dargelegt werden kann. Wird dieses Joch nicht abgeworfen, wird selbst bei besten Absichten alles beim Alten bleiben.

Direkt damit verbunden ist die für alle Beamten des Ministeriums vor-dringliche Angst: Wenn ich keine Vorschriften mehr habe, dann hafte ich doch persönlich für meine Entscheidungen! Daher muss für Beamte die Haftung geregelt werden – sonst rühren diese keinen Finger mehr. Staatssekretär Benedikt Zimmer machte diese Erfahrung, als er ein Jahr lang viele Vorschriften außer Kraft setzte. In diesem Jahr ist wenig passiert, weil keiner wagte, das damit verbundene Risiko zu tragen. Daher müsste der Dienstherr in gewissem Rahmen die Haftungsrisiken zentral übernehmen.

Sechster Punkt
Wehrhaftigkeit in der Gesellschaft

Ein Gefühl für Freiheit

Die vorherigen fünf Punkte haben aufgezeigt, was sich bei der Bundeswehr ändern muss. Deutschland wird jedoch nicht alleine durch die Bundeswehr verteidigungsfähig, sondern benötigt komplementäre zivile Verteidigungsmaßnahmen. Und: Auch das reicht alles kaum aus, wenn die Zivilgesellschaft nicht wehrhaft werden *möchte*. Daher sollte auch in der Gesellschaft ein wehrhaftes Grundverständnis erzeugt werden.

Um dahin zu gelangen, sollte die Gesellschaft wieder ein Gefühl dafür entwickeln, dass Wehrhaftigkeit überlebenswichtig ist. Im Tierreich ist Überlebenswille der wichtigste Instinkt. Die deutsche Gesellschaft in ihrer Gesamtheit hat diesen Instinkt verloren. Zwar wollen alle Bürger in Freiheit leben, aber ein großer Teil ist davon überzeugt, dass diese Freiheit einfach so passiert und gratis zu haben ist.

Obwohl mittlerweile die Mehrheit der Bevölkerung verstanden hat, dass Deutschland und Europa nicht länger von Freunden umzingelt sind, sondern unter anderem auch von Aggressoren mit hegemonialen Ansprüchen, so ist die Bereitschaft, für sich selbst, geschweige denn für das Gemeinwohl, einzutreten, im Ländervergleich auffallend gering. Das an sich ist bereits eine Tragödie. Obwohl Deutschland ein Land ist, das mit seiner freiheitlich-demokratischen Grundordnung, seinen westlichen Werten, mit Freiheit und Frieden den Rahmen zu persönlicher freier Entfaltung gibt, ist das Selbstverständnis von uns Deutschen und die Identifikation mit dem Land eher gering.

Dabei stellt nicht nur Russland eine Bedrohung dar, sondern auch China. Dieses wird nicht gerade mit Panzern in Europa einfallen; allerdings wachsen schon seit Jahren Cyber-Attacken exponentiell an, die diesen Staaten zugeschrieben werden können. Zudem verfolgt China eine Wirtschaftsstrategie, die erklärtermaßen auf globale Dominanz und den Sieg über rivalisierende Herrschaftssysteme wie beispielsweise die Demokratie setzt. Beide Bedrohungen „aus dem Osten" werden derzeit ergänzt durch die unwägbaren USA, die als neuerdings stark erratischer Partner die Sicherheitsarchitektur Europas vor neue, herausfordernde Aufgaben stellen. Diese aktuellen Bedrohungen kommen zwar dank saturierter Berichterstattung in der Bevölkerung an, ohne jedoch in vollem Umfang die nötigen Einsichten geschweige denn Überzeugungen auszulösen.

Diese wünschenswerten Einsichten sollten weder zu Panik vor dem Ausbruch eines dritten Weltkriegs noch zu einem weiterhin ungestörten Dornröschenschlaf führen. Vielmehr sollten sie in eine tragfähige zivile Wehrhaftigkeit münden und in eine unaufgeregte, aber entschlossene Bedrohungswahrnehmung, von der Deutschland immer noch zu weit entfernt ist. Deshalb sind viele, kleine und vor allem schnelle Schritte nötig.

Man könnte zum Beispiel damit beginnen, die breite Bevölkerung über den Sinn und Zweck von Streitkräften im Sinne von Clausewitz aufzuklären – denn dieses Basiswissen kann nicht als gesichert vorausgesetzt werden. Große Teile der Bevölkerung wären sicher überrascht zu erfahren, dass Sinn und Zweck der Bundeswehr nicht darin besteht, bei Oder-Hochwasser Sandsäcke zu stapeln oder bei anderen Naturkatastrophen mit der Gulasch-Kanone aufzuwarten. Diese Teile der Bevölkerung sollten mit der ausreichend wiederholten Information versorgt werden, wofür die Bundeswehr da ist, nämlich um im Ernstfall zu kämpfen und uns zu schützen.

Erkundung eines unbekannten Themas

Ein früher Beginn dieser Wissensvermittlung könnte über den verstärkten Einsatz von Jugendoffizieren an Schulen gemacht werden. Ihr Einsatz muss bislang von lokalen Schuldirektoren und von Bildungsministern genehmigt werden, von denen viele noch gegen die „Werbung für die Bundeswehr" ideologisch opponieren.

Auch könnte der öffentliche Rundfunk das Thema der derzeitigen Bedrohungslage für sich entdecken, zum Beispiel durch eine regelmäßige Sendung „Sicherheitspolitische Lage in Deutschland", alle x Wochen nach der Tagesschau, in der ein General oder der Verteidigungsminister über die Lage berichtet. Unaufgeregt, aber informativ.

Auch sollte der Bundestag beim Thema auf dem Laufenden bleiben. Das Parlament leistet sich Aktionswochen wie die Landwirtschaftswoche (nichts dagegen), ist aber ganz offensichtlich noch nicht auf die naheliegende Idee einer Sicherheitswoche gekommen.

Die Bundeswehr selbst könnte stärker gegen diese zivile Sicherheitsignoranz vorgehen, indem sie zum Beispiel massenhaft niedrigschwellige lokale Gesprächsangebote in allen Regionen Deutschlands macht: außerhalb der Kaserne, auf dem lokalen Marktplatz am Markttag, bei Sportveranstaltungen, Konzerten und Events, im Theaterfoyer, in der Handels- bzw. Handwerkskammer. Um in das so bitter nötige Gespräch mit der Gesellschaft zu kommen, muss man mit ihrer Basis sprechen (lernen).

In anderen, kleineren Nationen wie Dänemark hat sich auch der Wear Your Uniform Day bewährt: Reservisten kommen einmal im Jahr in ihrer Uniform zur zivilen Arbeit: Alle auf einmal an einem Tag – was deutlich mehr Eindruck hinterlässt als millionenschwere Imageplakat-Kampagnen. Es gibt zig andere Maßnahmen mit Publikumswirkung – wer listet sie auf, plant sie und führt sie durch?

Bislang kann und will sich unsere Gesellschaft noch nicht mehrheitlich äußerer Angriffe erwehren. Das kann und darf nicht länger sein.

OPLAN Zivilverteidigung

Wir befinden uns im ungeregelten Krisenfall

Die Rahmenrichtlinien des Bundesinnenministeriums (BMI) regeln unsere Zivilverteidigung im Spannungs- und Verteidigungsfall – beides ist zum Glück noch nicht eingetreten. Dafür befinden wir uns mitten im Krisenfall, der für derzeitige Übungen der Bundeswehr und der NATO-Streitkräfte auf deutschem Boden manch notwendige Regelung nicht vorsieht. Das BMI sollte – analog zum OPLAN Deutschland der Bundeswehr – einen OPLAN Zivilverteidigung erarbeiten.

Dass wir uns im Krisenfall befinden, zeigen die täglichen umfangreichen Cyber-Angriffe, massive Desinformationskampagnen nicht nur zu Zeiten von Bundes- und Landtagswahlen, Sabotage an Ostseekabeln und täglich dutzendfache Ausspähung von Bundeswehrkasernen und kritischer Infrastruktur mit feindlichen Drohnen, die jederzeit mit Granaten bestückt werden könnten (so wie in der Ukraine passiert). Wir befinden uns bereits mitten im Krisenfall – nicht irgendwo an einer weit entfernten Front, sondern hier, im eigenen Land. Um dieser Krise auch nur halbwegs angemessen und zielführend zivilverteidigend begegnen zu können, benötigen wir einen umfassenden Operationsplan; eben den OPLAN Zivilverteidigung.

Dieser OPLAN Zivilverteidigung ist die andere Seite der Medaille in Hinsicht auf Schutz kritischer Infrastruktur, Sicherstellung der Gesundheitsvorsorge, Lebensmittelversorgung und anderem. Er ist dringend erforderlich, um den OPLAN Deutschland der Bundeswehr und unsere Verpflichtungen innerhalb der Bündnisverteidigung zu erfüllen: dem Postulat des Host Nation Support. In einem solchen Bündnisfall werden große Truppenverbände verbündeter NATO-Armeen mit ihren Soldaten, Waffenträgern, Munition und Gerät durch Deutschland an die Front bewegt. Dafür braucht es Straßen und Schienen für Militärkolonnen und -transporte, Durchfahrtsrechte und tragfähige Brücken – die in hoher Zahl veraltet und sanierungsbedürftig sind. Bereits jetzt im Friedensfall bzw. in der bereits existierenden Krise ist es sinnvoll, solche logistischen Großanstrengungen in Manövern zu trainieren.

Bislang – im Friedensfall – kann im deutschen Föderalismus jedoch jeder Landrat die Durchführung solcher Übungen verhindern – eben weil die Durchfahrt durch seinen Landkreis nicht zentral in einem OPLAN Zivilverteidigung geregelt wird. Im Verteidigungs- und Bündnisfall ist die freie Durchfahrt geregelt, im Manöver- und Krisenfall nicht. Eine intolerable Regelungslücke. Es muss hier wie in vielen anderen Fällen auch juristisch klar festgelegt werden, wer in solchen Angelegenheiten das letzte Wort hat, um uns angemessen auf etwas vorbereiten zu können, was hoffentlich nie eintreten wird.

Von Drohnen und Brücken

Zu dieser Vorbereitung zählt auch eine resiliente Verkehrsinfrastruktur. Im Kalten Krieg noch stand an jeder deutschen Brücke ein Straßenschild, das die zulässige Traglast und Regelung des Begegnungsverkehrs auch und gerade für Panzerkolonnen angab. Nach dem Kalten Krieg kamen uns diese Schilder irgendwie abhanden oder wurden von der Entwicklung des militärischen Geräts überholt. Hier müsste man jede einzelne Brücke und Straße nacharbeiten – auch das muss ein OPLAN regeln, den es leider noch nicht gibt.

Ebenso dringend muss der OPLAN Zivilverteidigung eine Drohnenabwehr ermöglichen. Denn bereits heute kreisen diese in großer Zahl täglich über Kasernen und kritischer Infrastruktur; teilweise mit Spannweiten bis zu 6 Metern. Eine Spannweite, über die kein privater Drohnenpilot verfügt und die zur massiven Bewaffnung befähigt. Niemand wehrt diese fliegenden Spione und potenziellen Handgranatenträger ab, weil es keine Gesetzesgrundlage dafür gibt. So kann man es dem Gegner besonders leicht machen! Denn:

Bislang darf die Bundeswehr die Späh-Drohnen über ihren eigenen Kasernen nicht abwehren, da sie im Inland nicht operieren darf. Die Polizei, die dies dürfte, hat nur für marktübliche Drohnen eine funktionierende Drohnenabwehr – und auch diese ist zum Teil noch im Aufbau befindlich. Auch hier ist die Gesetzeslage noch ungenügend. Es braucht klare Richtlinien, und diese Richtlinien muss der OPLAN geben.

Abhörsichere Handys und Notvorräte

Die Bundeswehr verfügt selbstverständlich über abhörsichere Handys, Funkfrequenzen und E-Mail-Verbindungen. Wenn Offiziere jedoch im

Rahmen der zivil-militärischen Zusammenarbeit mit Landräten, Katastrophenschutz, Feuerwehr oder Rettungsdiensten sprechen, können alle Gespräche mitgehört werden. Denn es gibt für die zivile Seite noch keine „rote IT" (abhörsicher). Würde der Feind mithören, würde dies die Zivilisten gefährden bzw. den Zivilschutz sabotieren. Hier braucht es umfangreiche Nachrüstaktivitäten bei den betroffenen Behörden, Blaulichtorganisationen und Kommunen.

Zivilverteidigung hat auch etwas mit Selbstverantwortung und Selbstschutz zu tun. Es entspricht nur der Vernunft, dass jeder Bürger einen Notvorrat für fünf Tage mit Nahrungsmitteln, Kerzen, Verbandszeug und anderen nötigen Utensilien anlegt. Die Behörden, insbesondere das Bundesamt für Bevölkerungsschutz und Katastrophenhilfe (BBK), beginnen derzeit zaghaft damit, auf die Notwendigkeit solcher Vorsorge hinzuweisen: meist passiv, auf der eigenen Webpage, welche die Mehrheit der Bevölkerung noch nie gesehen hat.

In vielen Ländern, die sich der Bedrohungslage klarer bewusst sind, ist von dieser verzagten Schamhaftigkeit nichts zu spüren. Schweden zum Beispiel hat bereits im Sommer 2024 an sämtliche registrierte Haushalte Selbstschutz-Broschüren verteilt mit einer detaillierten Auflistung von allem, was für den Notfall im Keller gebunkert werden sollte und an wen sich der Bürger im Fall der Fälle wenden kann. Diese Broschüren enthalten auch klare Anleitungen dafür, wie man in Notzeiten für sich selber sorgt. Deutschland kann (mit Ausnahme von Preppern) noch nicht für sich selber sorgen, da von verantwortlicher Stelle bislang zu wenig darüber aufgeklärt und informiert wird. Warum?

Ein Missverständnis der Prioritäten

Zu behaupten, die Zivilverteidigung sei bislang von der Politik stiefmütterlich behandelt worden, ist ein keineswegs amüsanter Euphemismus, der auf einem gründlichen Missverständnis der Prioritäten beruht.

Um diese gerade zu rücken: Die Zivilverteidigung ist nicht nice to have oder ein Nolens-volens-Annex der „echten", das heißt militärischen Verteidigung. Um es klar zu sagen: Die Zivilverteidigung ist genauso wichtig wie die militärische Verteidigung. Die Analogie mit linkem und rechtem Schuh drängt sich auf: Nur mit beiden an den Füßen kann man Strecken bewältigen – oder eben gesamtgesellschaftlich resilient werden.

Wir werden hoffentlich vom Schlimmsten verschont bleiben. Doch wenn es zu einem Bündnis- oder Verteidigungsfall käme, wäre so oder so die Front nicht weit entfernt, sondern direkt vor unserer Haustür in Form unserer kritischen Infrastruktur. Sie würde sofort direkt vom Feind attackiert werden, der sie ausschalten möchte, um den Nachschub der NATO-Truppen zu unterbrechen, der durch Deutschland fließt. Also muss sie geschützt werden. Nicht erst im Fall der Fälle, sondern schon jetzt mit dem OPLAN Zivilverteidigung.

Selbst wenn die Frontlinie noch Hunderte von Kilometern entfernt ist, werden Verwundete über unsere Straßen und Brücken transportiert werden müssen – also muss die Infrastruktur vorbereitet und geschützt sein. Selbst wenn die Frontlinie noch fern ist, ist Deutschland dann im Krieg – und wir sind heute auf der zivilen Seite leider nicht darauf vorbereitet.

Diese Vorbereitung obliegt nicht der Bundeswehr. Sie obliegt dem BMI und dem ihm unterstellten Bundesamt für Bevölkerungsschutz und Katastrophenhilfe (BBK). Beide sind dafür zuständig und dringend angehalten, sich um diesen so nötigen Zivilschutz angemessen zu kümmern.

Übersicht und Bewertung aller Punkte und Einzelmaßnahmen

Nr.	Thema	Politische Beschlüsse notwendig?	Umsetzbar durch Weisung im BMVg?	Was muss die Industrie machen? Was braucht sie?	Prio
1a	>100 Mrd. EUR p.a. in Einzelplan 14	• Regierungsbeschluss, ggf. 2/3-Mehrheit	Nein	N/a	1
1b	7-10 Jahres Plan zur Finanzierung der Bw (s. 1a)	• Regierungsbeschluss; ggf. Aufnahme ins GG wie beim Sondervermögen	Nein	Notwendige Planungssicherheit für die Industrie zum Ausbau der Kapazitäten	1
2a	Finanzierung und Verabschiedung eines 7-10 Jahres Plans zur Vollausstattung und Ausrüstung von Bundeswehr und Reserve	• Regierungsbeschluss zur Finanzierung • Freigabe durch Haushaltsausschuss für Mittelverwendung • Ggf. GG-Ergänzung für notwendiges Sondervermögen	Nein	Kapazitätsausbau von Produktionsstätten u. Personal, Sicherung der Rohstoffe, Werkteile und Logistikketten; Notwendige Planungssicherheit für die Industrie zum Ausbau der Kapazitäten	1
2b	Nutzung des Tatbestands nationale Sicherheit in Beschaffung	Nein	Ja, Anwendung Art. 346 Abs. 1b AEUV	Produktions- und Lieferfähigkeit sicherstellen	1
2c	Grundsatz des Kaufs von der Stange in der Beschaffung	Nein	Ja	Produktions- und Lieferfähigkeit sicherstellen	1
2d	Abschaffung 25 Mio. Vorlagen in der Beschaffung	Bundestagsbeschluss	Nein	N/a	1
2e	Abschaffung „zivile Klausel" in der Beschaffung	Bundestagsbeschluss	Nein	N/a	1
2f	Vereinheitlichung der Beschaffung in NATO Ländern	Abschließen von NATO und EU-Verträgen	Nein	Europäische Kompromisse u. Einigung i.S. des NATO Frame Concepts	1

Nr.	Thema	Politische Beschlüsse notwendig?	Umsetzbar durch Weisung im BMVg?	Was muss die Industrie machen? Was braucht sie?	Prio
3a	OPLAN DEU bedarfs-u. haushaltsbegründend	• Regierungsbeschluss zur Finanzierung • Freigabe durch Haushaltsausschuss für Mittelverwendung	Ja bei Anpassung Budgetplanung und Fähigkeitsprofil	Produktions- und Lieferfähigkeit sicherstellen	1
3b	Mobilmachungsplan	Nein	Ja	N/a	1
3c	Ständige Erneuerung & Weiterentwicklung Bundeswehr auf Basis Erfahrungen UKR	Nein	Ja	Lehren aus Übungen und UKR Krieg zusammen mit Industrie	1
3d	Nutzung marktverfügbarer Drohnen für Übungen	Nein	Ja	Verfügbarkeit von Drohnen	1
3e	Regelmäßige Großübungen	Nein	Ja	N/a	2
3f	Implementierung konventioneller Erst- und Zweitschlag-fähigkeit	Personal- und Materialbedarf mit Auswirkungen auf Finanzbedarf; falls nicht aus bisherigen Einzelplan 14-Mitteln finanzierbar -> Regierungsbeschluss	Z.T. ja	N/a	2
3g	Beschaffung autonomer Waffensysteme	Regierungsbeschluss, weil Grundsatz-entscheidung	Nein	Verfügbarkeit Waffensysteme	1
3h	Aufbau Flugabwehr	Nein	Ja	Verfügbarkeit Waffensysteme	1

Nr.	Thema	Politische Beschlüsse notwendig?	Umsetzbar durch Weisung im BMVg?	Was muss die Industrie machen? Was braucht sie?	Prio
4a Soldaten	Dienstpflicht	Regierungsbeschluss; bei Einführung Dienstpflicht für Frauen 2/3 Mehrheit Bundestag und Bundesrat	Nein	N/a	1
4b Soldaten	Dezentralisierung Personalwesen Mannschaften	Nein	Ja	N/a	2
4c Soldaten	Angleichung Dienstalter an öffentlichen Dienst	Regierungsbeschluss; Änderung §45 SoldatenG	Nein	N/a	2
4a Reserve	Vereinfachung Bewerbungsprozess	Nein	Ja	N/a	1
4b Reserve	Ausweitung Ausbildungsangebot	Nein	Ja	N/a	1
4c Reserve	Sicherheitsüberprüfung auch nach Beginn	Rechtliche Vorgaben zu ändern?	BAMAD		2
4d Reserve	Aussetzen Altersgrenze bei der Reserve	Regierungsbeschluss; Änderung §4 ResG	Nein	N/a	1
4e Reserve	5 Tage Doppelzahlung p.a. durch AG und Bw	Nein	Ja	Unterstützung durch Kooperation mit ausgewählten Unternehmen	1
4f Reserve	Verpflichtende Freistellung Reservisten von 2 Wochen p.a.	Regierungsbeschluss	Nein	Fachkräftemangel in der Industrie	1
4g	12-Punkte zum Heimat- schutz	Regierungsbeschluss	Ja	N/a	1
5a	Änderung Art. 87 a/b	Regierungsbeschluss mit 2/3 Mehrheit	Nein	N/a	1
5b	Einrichtung kleiner Planungsstab	Nein	Ja	N/a	1
5c	Reduzierung Orga- Bereiche BMVg	Nein	Ja	N/a	2
5d	Abschaffung EUAZR in Bw (mindestens aber Auszahlung statt Stundenabbau)	Regierungsbeschluss	Nein	N/a	1
5e	Zentrale Innovations- verantwortung im BMVg	Nein	Ja	N/a	2

Nr.	Thema	Politische Beschlüsse notwendig?	Umsetzbar durch Weisung im BMVg?	Was muss die Industrie machen? Was braucht sie?	Prio
5f	Auflösung Bonn als Standort des BMVg	Regierungsbeschluss	Nein	N/a	3
5g	Gesamte Struktur des BMVg/Bw haushalts- begründend machen	Regierungsbeschluss, weil diese Entscheidung finanzielle Konsequenzen nach sich zieht	In der Umsetzung / Planung ja	N/a	1
5h	Paradigmenwechsel: Abschaffung der 3.500 BMVg Vorschriften	Nein	Ja	N/a	1
5i	Einrichten der Führungspositionen nach dem Dreiklang Aufgabe- Kompetenz- Verantwortung	Nein	Ja	N/a	2
6a	ÖRR-Infos über die Streitkräfte	Nein	Ja	N/a	1
6b	Wear your uniform-Tag	Regierungsbeschluss	Nein	Unterstützung der Idee	3
6c	Sicherheitswoche im Bundestag	Regierungsbeschluss	Nein	N/a	3
6d	Bundeswehr on Tour- Kampagne	Nein	Ja	N/a	3
7a	Erstellung eines OPLAN Zivilverteidigung	Regierungsbeschluss; Umsetzung durch BMI	Nein	N/a	1
7b	Sicherstellung resilienter Verkehrs- infrastruktur	BMDV	Nein	N/a	1
7c	Aufbau einer Drohnenabwehr- fähigkeit	Regierungsbeschluss; Umsetzung durch BMI und BMVg	Nein	N/a	1
7d	Sicherstellung „roter" IT zwischen Bundeswehr und Blaulichtorganisationen und Behörden	Regierungsbeschluss; Beschluss in den Landtagen der 16 Bundesländer	Nein	N/a	2
7e	Klärung des rechtlichen Rahmens für den Vor- Spannungsfall	Regierungsbeschluss	Nein	N/a	1

Schlusswort

Halten wir fest: Die transatlantischen Beziehungen sind auf einem All-zeit-Tief, wodurch die europäische Sicherheitsarchitektur neu definiert, aufgestellt, finanziert und realisiert werden muss. Der alte Schutzschirm ist instabil bis unzuverlässig geworden. Europa ist von zwei Seiten unter Druck; von Russland im Osten wie auch von den USA im Westen. Wir leben aktuell in einer unsicheren Lage mit exponentiellen Entwicklungen in alle Richtungen.

Wie bedrohlich diese Lage ist, zeigt auch eine Einschätzung der deutschen Generalität, wonach Russland sich in diesem Moment in einem strategischen Window of Opportunity befindet: Heute noch ist die NATO sehr viel schwächer und weitaus stärker verwundbar, als sie es in vier Jahren sein wird angesichts der in allen NATO-Ländern geplanten Aufrüstung. Je länger russische Generale daher mit einem Überfall zum Beispiel auf das Baltikum warten, desto geringer werden ihre Chancen. Die Gefahr für die NATO ist daher derzeit am höchsten. Sie steigt noch weiter an, sollte es zu einem Waffenstillstand in der Ukraine kommen, weil dann russische Streitkräfte vom Kampf befreit wären.

Derweil überbieten sich europäische Regierungen gegenseitig mit Milliardenbeträgen für die Aufrüstung. Doch nicht Geld ist das Problem – Zeit ist das Problem.

Deshalb ist nicht die finanzielle Ausstattung das vorrangige Problem, sondern schnelles Handeln. Die Frage ist nicht allein, wie viele Milliarden Euro Deutschland investieren kann, sondern ob es der Rüstungsindustrie gelingt, die bestellten und noch zu bestellenden Waffenträger in kritischer Menge in nur zwei bis drei Jahren auf die Straße und ins Feld zu bringen, so dass diese Menge zur Abschreckung ausreicht und sich das Window of Opportunity eines feindlichen Überfalls durch Russland schließt.

Zeitverlust ist die eigentliche Gefahr, für die insbesondere Deutschland mit seiner überbordenden Bürokratie und ultimativen Überregulierung anfällig ist. Bei dem hochdynamischen Geschehen auf der Weltbühne droht Deutschland Zaungast der geopolitischen Schaubühne zu werden, da die alte Regierung zwar noch geschäftsführend im Amt, aber seit dem Bruch der Ampel-Koalition nicht mehr mehrheitsfähig ist – und die neue Regierung ist *noch* nicht im Amt. Diese neue Regierung braucht es nun sehr schnell, um bei den wichtigen außen- und sicherheitspolitischen Weichenstellungen eine Führungsrolle zu übernehmen und nicht allein den Briten und Franzosen das Feld zu überlassen. Dabei müsste Deutschland als größte Volkswirtschaft in der EU eine solche Rolle anstreben, sonst bleibt Deutschland reiner Beobachter der bedrohten Sicherheit Europas.

Ein Beitrag dazu, woran die neue Regierung tatkräftig arbeiten sollte, bilden diese sieben Punkte, die zur Herstellung einer ausreichenden und abschreckenden Verteidigungsfähigkeit Deutschlands beitragen. Alle sieben Punkte entstanden in vielen Gesprächen mit Generalen, Stabsoffizieren und Behördenvertretern.

Manche der unterhalb dieser Punkte subsumierten Maßnahmen sind einfach umzusetzen. Manche liegen im direkten Einflussbereich des Verteidigungsministeriums. Andere brauchen einen Regierungsbeschluss, wieder andere eine Zweidrittel-Mehrheit im Bundestag – die ganz dicken Bretter. Doch realistisch, konkret, zielführend und machbar sind alle.

Sie sind nicht nur machbar, sondern auch vordringlich und im Sinne des Wortes notwendig, um die Bundeswehr für ihren Kernauftrag zu befähigen: Deutschland zu verteidigen.

Angesichts der überragenden Bedeutung dieses Vorhabens kann das vielseits vernommene Argument nicht gelten, dass dieses Vorhaben schwierig werden könne. Denn es geht allein darum, das zu tun, was richtig ist. Und das Richtige ist immer schwierig. Deshalb packen wir es jetzt entschlossen an!